BEI GRIN MACHT SICH IHR
WISSEN BEZAHLT

- Wir veröffentlichen Ihre Hausarbeit,
  Bachelor- und Masterarbeit

- Ihr eigenes eBook und Buch -
  weltweit in allen wichtigen Shops

- Verdienen Sie an jedem Verkauf

Jetzt bei www.GRIN.com hochladen
und kostenlos publizieren

Bibliografische Information der Deutschen Nationalbibliothek:

Die Deutsche Bibliothek verzeichnet diese Publikation in der Deutschen National-
bibliografie; detaillierte bibliografische Daten sind im Internet über http://dnb.d-
nb.de/ abrufbar.

Impressum:

Copyright © 2017 GRIN Verlag
Druck und Bindung: Books on Demand GmbH, Norderstedt Germany
ISBN: 9783668974722

Dieses Buch bei GRIN:

https://www.grin.com/document/490210

Christian Lehnert

Jahresabschlussanalyse, Controlling, Kostenrechnung

GRIN Verlag

Deutsche Hochschule für

Prävention und Gesundheitsmanagement

Hermann Neuberger Sportschule 3

66123 Saarbrücken

Einsendeaufgabe

Fachmodul: Betriebswirtschaftslehre 3

Studiengang: Fitnessökonomie

Datum
Präsenzphase: 09.10.2017 - 12.10.2017

Name, Vorname: Lehnert, Christian

Studienort: **Berlin**

Semester: **WS15**

Inhaltsverzeichnis

1 Jahresabschlussanalyse

1.1 Teilanalysen der Jahresabschlussanalyse

1.1.1 Vertikale Strukturanalyse (Passivseite) für 2015 und 2016

Eigenkapitalquote für das Jahr 2015

= (Eigenkapital : Gesamtkapital) x 100

= (1255,8 : 2149,1) x 100

= 58,43

Eigenkapitalquote für das Jahr 2016

= (Eigenkapital : Gesamtkapital) x 100

= (1438,0 : 2731,8) x 100

= 52,64

Fremdkapitalquote für das Jahr 2015

= (Fremdkapital : Gesamtkapital) x 100

= (893,3 : 2149,1) x 100

= 41,57

Fremdkapitalquote für das Jahr 2016

= (Fremdkapital : Gesamtkapital) x 100

= (1293,8 : 2731,8) x 100

= 47,36

Verschuldungsgrad für das Jahr 2015

= (Fremdkapital : Eigenkapital) x 100

= (893,3 : 1255,8) x 100

= 71,13

Verschuldungsgrad für das Jahr 2016

= (Fremdkapital	:	Eigenkapital)	x 100
= (1293,8	:	1438,0)	x 100
= 89,97			

Umschlaghäufigkeit des Kapitals für das Jahr 2015

= Umsatz	:	Durchschnitt Gesamtkapital
= 3.150,257	:	2.149,1
= 1,47		

Umschlaghäufigkeit des Kapitals für das Jahr 2016

= Umsatz	:	Durchschnitt Gesamtkapital von 2015 und 2016
= 3.652,369	:	((2.149,1 + 2.731,8) : 2)
= 3.652,369	:	2.440,45
= 1,50		

1.1.2 Kurzfristige Finanzanalyse

Liquidität 1. Grades für das Jahr 2015

= (Zahlungsmittelbestand	:	kurzfristige Verbindlichkeiten)	x 100
= (85,5	:	291,5)	x 100
= 29,33 %			

Liquidität 1. Grades für das Jahr 2016

= (Zahlungsmittelbestand	:	kurzfristige Verbindlichkeiten)	x 100
= (119,1	:	360,6)	x 100
=33,03 %			

Cashflow für das Jahr 2015

=   Gewinn   +   Abschreibungen

Zuerst müssen wir den Gewinn berechnen. Dies erfolgt über die Umstellung der Gesamtkapitalrentabilitätsformel.

Gesamtkapitalrentabilität	= ((Gewinn+Fremdkapitalzinsen):Gesamtkapital) x 100
5,23 %	= (Gewinn+38,93) : 2.149,1
5,23 % x 2.149,1	= Gewinn+38,93
112,40	= Gewinn+38,93
Gewinn	= 112,40 - 38,93
Gewinn	= 73,47

=   73,47   +   72,25

=   145,72

Cashflow für das Jahr 2016

=   Gewinn   +   Abschreibungen

Zuerst müssen wir den Gewinn berechnen. Dies erfolgt über die Umstellung der Gesamtkapitalrentabilitätsformel.

Gesamtkapitalrentabilität	= ((Gewinn+Fremdkapitalzinsen):Gesamtkapital) x 100
7,38 %	= (Gewinn+95,48) : 2.731,8
7,38 % x 2.731,8	= Gewinn+95,48
201,61	= Gewinn+95,48
Gewinn	= 201,61 - 95,48
Gewinn	= 106,13

=   106,13   +   94,36

=   200,49

Working Capital für das Jahr 2015

= Umlaufvermögen   -   kurzfristige Verbindlichkeiten

= 651,4   -   291,5

= 359,9

Working Capital für das Jahr 2016

= Umlaufvermögen   -   kurzfristige Verbindlichkeiten

= 662,7   -   360,6

= 302,1

1.1.3 Erfolgsanalyse (Rentabilitätskennzahlen) für 2015 und 2016

Gewinnänderungsrate für das Jahr 2016

= (Gewinn Geschäftsjahr   :   Gewinn Vorjahr   - 1)   x 100

= (200,49   :   145,72   - 1)   x 100

= 37,58

Eigenkapitalrentabilität für das Jahr 2015

= (Gewinn   :   Eigenkapital)   x 100

= (145,72   :   1255,8)   x 100

= 11,60

Eigenkapitalrentabilität für das Jahr 2016

= (Gewinn   :   Eigenkapital)   x 100

= (200,49   :   1438,0)   x 100

= 13,94

Umsatzrentabilität für das Jahr 2015

= (Gewinn   :   Umsatz)   x 100

= (145,72   :   3.150,257)   x 100

= 4,62

Umsatzrentabilität für das Jahr 2016

= (Gewinn   :   Umsatz)   x 100

= (200,49   :   3.652,369)   x 100

= 5,49

1.2 Wirtschaftliche Entwicklung

Zur Eigenkapitalquote ist zu sagen, dass die Quote von 2015 zu 2016 gesunken ist. Das Eigenkapital an sich ist aber gestiegen. In marktschwachen Zeiten ist dies ein Vorteil für das Unternehmen, da das Unternehmen flexibler ist. Das Unternehmen sollte zwar ein gewisses Eigenkapital zur Verfügung haben, aber nicht ganz so hoch, da es ansonsten zu teuer wird. In der Regel strebt man einen Wert um die 20 % des Eigenkapitals zum Gesamtkapital an.

Die Fremdkapitalquote ist im Unternehmen gestiegen, welches den Vorteil aufweist, dass das Unternehmen günstiger wirtschaftet, allerdings nicht mehr so flexibl ist wie vorher.

Zum Vorjahr ist der Verschuldungsgrad von 2016 gestiegen. Das Unternehmen haftet mehr mit seinem Fremdkapital. Dadurch sinkt die Kreditwürdigkeit und das Risiko einer Insolvenz steigt.

Anhand der Zahlen, die bei der Umschlaghäufigkeit errechnet worden sind, lässt sich feststellen, dass die Lagerkosten vom Unternehmen steigen werden. Dies lässt sich zum Beispiel unterbinden, indem weniger Vorräte angeschafft werden. Somit hat man weniger Lagerkosten und ist besser organisiert.

Die Liquidität 1. Grades ist gestiegen. Dies hat den Vorteil, dass das Unternehmen solvent bleibt und das kurzfristige Verbindlichkeiten durch vorhandene liquide Mittel gedeckt bleiben.

Ein weiterer Vorteil der Wirtschaftlichkeit vom Unternehmen ist der Anstieg des Cashflows. Für die Auszahlung von Investoren, für neue Investitionen und die Tilgung von Krediten ist ein hoher Cashflow vonnöten.

Es ist positiv anzusehen, dass sich das Working Capital im positiven Bereich befindet. Allerdings sollte der Wert nicht weiter sinken, da ansonsten dem Unternehmen weniger Liquidität und Flexibilität droht.

Um 37,58 % hat sich der Gewinn gesteigert, dies wirk sich natürlich positiv auf das Unternehmen aus.

Die Steigerung in der Eigenkapitalrentabilität macht das Unternehmen attraktiver für Investoren. Es ist aber mit Vorsicht zu betrachten, da die Investoren auch auf andere Kennzahlen wert legen. Ein guter Ausgleich zwischen Eigenkapital und Fremdkapital wäre beispielsweise ein genanntes Merkmal dafür.

In der Umsatzrentabilität ist zu sehen, dass die Zahlen im Gegensatz zu 2015 gestiegen sind. Somit deutet es darauf, dass die Produktivität im Unternehmen steigt.

2 Controlling

2.1 Entwicklung eines Kennzahlensystems

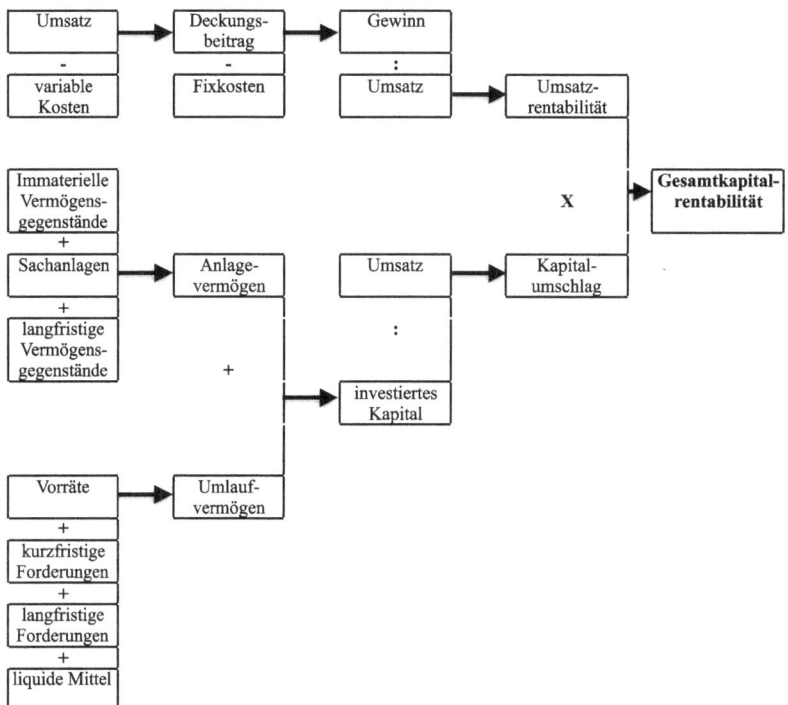

Abb.1: Kennzahlensystem

2.2 Entwicklung eines Controllingsystems

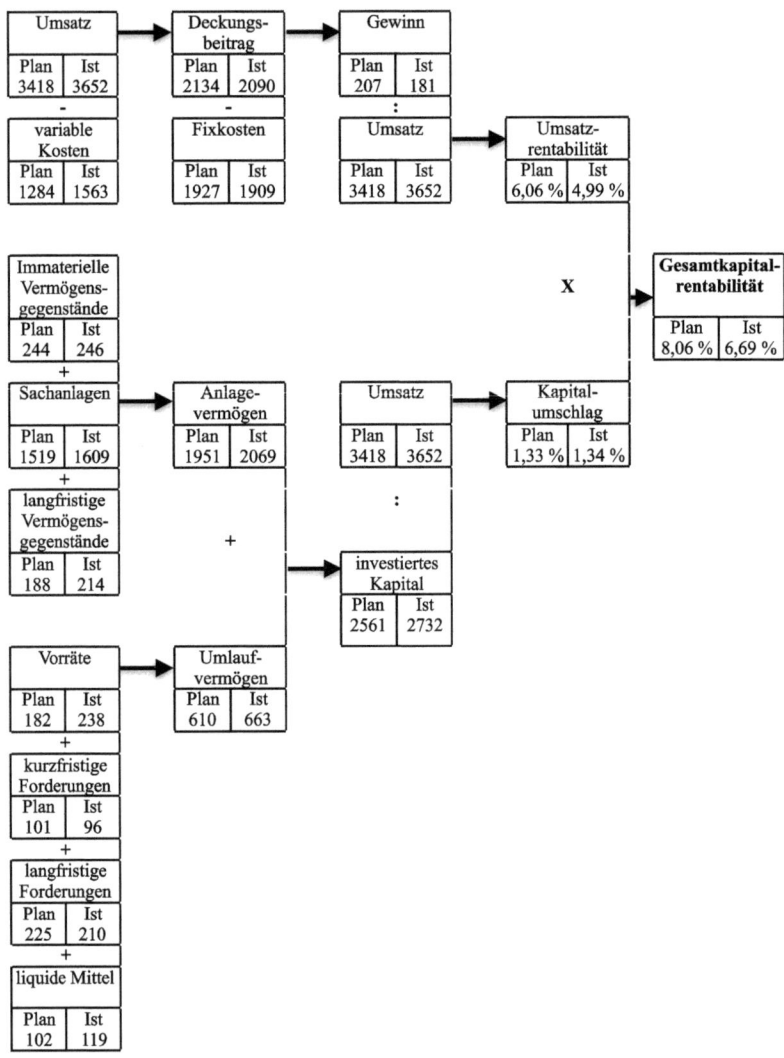

Abb.2: Controllingsystem

2.3 Interpretation Controllingsystem

Zur Entwicklung des Unternehmens ist zu sagen, dass einige Kennzahlen nach Plan verlaufen und ein Teil sogar positiver Entwicklung sind. Hinsichtlich des Gewinns ist allerdings zu erläutern, dass dieser nicht wie geplant erzielt werden konnte. Da der Gewinn als wichtige Kennzahl im Unternehmen gilt, ist festzustellen, an welchen Gründen es gelegen hat, dass der geplante Gewinn nicht eintrat. Ein Grund dafür könnte die fehlerhafte Planung im Unternehmen sein, die im Vorfeld mehrmals kontrolliert werden sollte, um solche Differenzen zu vermeiden. Die Umsatzrentabilität konnte nicht wie erwünscht erreicht werden. Dies liegt zum einen an den steigenden variablen Kosten. Ein Fehler kann hierbei auch im externen Bereich des Unternehmens auftreten. Beispielsweise treten Investitionen vom Lieferanten mit Qualitäts- und Liefermängeln auf. Die Fixkosten sind zwar gesunken, aber das muss sich nicht immer positiv auf das Unternehmen auswirken. Beispielsweise kann es sein, dass Kosten auf den nächsten Monat geschrieben werden. Eine genauere Überprüfung erfolgt über eine neue Hochrechnung der Kosten. Die Mängel an nötiger technischer Ausstattung könnten ein Fehler für errechnete Abweichungen sein. Der Kapitalumschlag ist nahezu so eingetreten, wie es geplant wurde, was sich erfolgsvorsprechend auf das Unternehmen auswirkt.

3 Kostenrechnung

3.1 Zuschlagskalkulation

Wareneinsatzkosten	=	272.600 €
Handlungskosten	=	172.126 €

	90.100 €	(Miete)
+	4.096 €	(Versicherung)
+	72.690 €	(Personal)
+	5.240 €	(Vertriebskosten)
=	172.126 €	

Handlungskostenzuschlag = (Handlungskosten : Wareneinsatzkosten) x 100

$$= \quad 63,14\,\%$$

Listeneinkaufspreis (netto)	69,50 €	
- Rabatt	1,67 €	(2,4 %)
= Zieleinkaufspreis	67,83 €	
- Skonto	0,68 €	(1 %)
= Bareinkaufspreis	67,15 €	
+ Bezugskosten	0,75 €	
= Bezugspreis	67,90 €	
+ Handlungskosten	42,87 €	(63,14 %)
= Selbstkosten	110,77 €	
+ Gewinn	39,32 €	(35,5 %)
= Barverkaufspreis	150,09 €	
+ Skonto	4,64 €	(3 %)
= Zielverkaufspreis	154,73 €	
+ Rabatt	6,45 €	(4 %)
= Listenverkaufspreis (netto)	161,18 €	
= Verkaufspreis inkl. 19% (brutto)	191,80 €	

3.2 Deckungsbeitragsrechnung

240   Interessenten pro Monat

80   nehmen eine Laufbandanalyse in Anspruch

56   kaufen die Schuhe im Anschluss (Abschlüsse)

Kosten

Provision Mitarbeiter:	Abschlüsse	x 5,00 €	
	56	x 5,00 €	**= 280,00 €**
Gesamtfläche:	1.200 m²		
Miete (kalt):	8.900 €		
Nebenkosten:	445,10 €	(5 % der Miete)	
Gesamtmiete (warm):	9.345,10 €		
Fläche Laufbandanalyse:	20 m²		

Mietfläche

Laufbandanalyse.:	(Gesamtmiete : 1.200 m²) x 20 m²		
	(9.345,10 € : 1.200 m²) x 20 m²		**= 155,75 €**

Anschaffungskosten

Laufband:	3.850,00 € (brutto) 3.235,29 (netto)		
Nutzungsdauer:	5 Jahre		
Abschreibung (pro Jahr):	3.235,29 €	: 5 Jahre	
	= 647, 06 €		
Abschreibung (pro Monat):	647,06 €	: 12 Monate	**= 53,94 €**
Gesamtkosten:			**= 489,69 €**
Kosten Laufbandanalyse:	Gesamtkosten : Kunden (Anspruch)		
	489,69 €	: 80	
	= 6,12 €		

50% der Kosten werden den Kunden zurückerstattet, wenn sie den Schuh kaufen.

	(Kosten	: 2) + Kosten	
	(6,12 €	: 2) + 6,12 €	
	= 9,18 €		
Bruttoverkaufspreis:	9,18 €	x 1,19	**= 10,92 €**

3.3 Interpretation einer Deckungsbeitragssituation

Ein negativer Deckungsbeitrag muss sich nicht zwingend negativ auf das Unternehmen auswirken. Das Produkt, welches einen negativen Deckungsbeitrag aufweist, kann sich sogar im gewissen Sinne positiv auf das Unternehmen auswirken. Dieses Produkt kann zum Beispiel den Kauf von Produkten mit einem hohen Deckungsbeitrag fördern. Nehmen wir einmal das Beispiel Laufbandanalyse. Eine Laufbandanalyse (negativer Deckungsbeitrag) wird dem Unternehmen nicht in erster Linie den nötigen Gewinn bringen. Allerdings der Weiterverkauf von Produkten, die das Laufen erleichtern und fördern (Sportschuhe, Pulsuhren) werden zusätzlich verkauft (positiver Deckungsbeitrag). Es ist festzuhalten, dass ein negativer Deckungsbeitrag nicht das Ende für den Geschäftsbetrieb bedeutet.

4 Literaturverzeichnis

Schlaffke, Prof. Dr. phil. Winfried & Plünnecke, Prof. Dr. rer. pol. Axel (2017). *Studienbrief Betriebswirtschaftslehre III*. Saarbrücken: Deutsche Hochschule für Prävention und Gesundheitsmanagement

5 Abbildungsverzeichnis

.